Réunion de la Chambre Syndicale

DU

SYNDICAT COMMERCIAL

12 Décembre 1911

La Question de l'Ouenza

ALGER

IMPRIMERIE ADOLPHE JOURDAN

PLACE DU GOUVERNEMENT

1911

La Question de l'Ouenza

Réunion de la Chambre Syndicale

DU

SYNDICAT COMMERCIAL

12 Décembre 1911

La Question de l'Ouenza

ALGER

IMPRIMERIE ADOLPHE JOURDAN

PLACE DU GOUVERNEMENT

1911

La Question de l'Ouenza

Nous reproduisons purement et simplement le compte-rendu sténographique de la séance de la Chambre Syndicale du Syndicat Commerciale algérien. Nous y ajoutons seulement les commentaires dont la *Dépêche Algérienne* a cru devoir accompagner la publication de ce compte-rendu.

L'attitude adoptée par M. Colin, député d'Alger, au cours de la discussion pendante du projet de chemin de fer de l'Ouenza lui vaut, depuis deux ans, de la part de M. Gérente, une campagne aussi violente que perfide.

Cette campagne, particulièremnt ardente lors de la dernière élection législative, fut, on le sait, couronnée par un insuccès piteux. Les électeurs de M. Colin, ne tenant aucun compte des accusations fantaisistes portées contre leur représentant, le réélirent à un imposante majorité.

Affolé par la certitude qu'il a de perdre son siège au Luxembourg, le sénateur sortant réédite aujourd'hui le réquisitoire qui demeura sans effet en 1910. Agrémenté de nouveaux arguments, ce réquisitoire constitue le plus clair de sa défense désespérée.

M. Gérente, sachant que les délégués sénatoriaux ne se réunissent que la veille de l'élection, comptait exploiter ce thème jusqu'à la fin de la campagne et décider, à la faveur des insinuations et des calomnies qu'il comporte, quelques citoyens hésitants à voter pour lui.

M. Colin, dont toutes les interventions se sont produites au grand jour, M. Colin, qui se sait sans reproche, a décidé de devancer cette échéance, en provoquant une explication contradictoire devant une assemblée de notables choisis parmi les plus impartiaux et les plus compétents.

La Chambre Syndicale du Syndicat Commercial a bien voulu consentir à entendre les accusations de M. Gérente et la réponse de M. Colin.

Le sénateur d'Alger, balbutiant quelques excuses qui sont une injure au bon sens et une offense à l'adresse d'une élite de commerçants et d'industriels, a fui le débat loyal proposé par son concurrent.

Ce débat n'en a pas moins eu lieu mardi, et nous en publions ci-après le compte rendu dressé sous la responsabilité du Syndicat Commercial, par les sténographes de cette assemblée.

Les délégués sénatoriaux qui le liront pourront constater qu'après avoir feint de rechercher des explications, M. Gérente s'est dérobé sitôt que les explications ont été offertes.

Ils y trouveront la trace des démarches aussi ténébreuses que vaines, tentées par le sénateur pour obtenir des assemblées qu'il récuse aujourd'hui, la condamnation de l'attitude de son concurrent.

Ils prendront connaissance du texte des documents officiels aux termes desquels les groupements les plus autorisés et les plus intéressés à la solution de l'affaire de l'Ouenza, proclament la droiture et la clairvoyance du député d'Alger.

Ceci dit, nous laisserons la parole à notre confrère « Le Journal Général », organe officiel du Syndicat Commercial, dont nous publions le compte rendu complet et sans retouches.

COMPTE RENDU STÉNOGRAPHIQUE
de la séance du 12 décembre
de la Chambre Syndicale du Syndicat Commercial

La séance est ouverte à 5 heures.

Sont présents : MM. Tarting, président ; Aubert, Fontana, vice-présidents ; Lavanchy, trésorier ; Poulalion, secrétaire général ; Laroze, bibliothécaire ; Nibelle, vice-président honoraire ; Altairac, A. Alzina, F. Alzina, Bégué, Bergeret, Bioret, Bissonnet, A. Borgeaud, Bossan, Bravay, Caillou, Causse, Chachoin, Châtel, Chavrondier, C. Chevallier, G. Chevallier, Chini, Coudray, Crochard, Delarbre, Demange, Duroux père, Duhem, Duranthon-Ramon, Durafour, Fossard, Françon, Gillibert, Gosset, Janin, Jorelle, Jouve, Juanéda, Kaouki, Laurent, Marill, Michaëlef, V. Plat, Pourrière, G. de Raffin, Rafin, Rembert, Rigollet, Rhode, Solal, Taulier, Trottier, Vénézia, Zéraffa, Baret, Brissonnet fils, Napoléoni, Michaud, Meunier fils, Meunier père, A. Beudon, J. Vaills, Marchand, Dupré, Besson, Videau, Mathieu, A. Routon, Descamps, Mentasti, M. Grégori, Carlone, Maire fils, Dodman, Brissonnet père, Pons, Grima, Ferréro, Bottaro, membres, etc., etc.

M. Colin, député, assiste à la séance.

Excusés : MM. Beltcaguy, Philibert frères, Delrieu, Frabeguettes, Mariaud, Plantey, Rannou.

Exposé de la question de l'Ouenza par M. Colin, député

M. le Président prononce les paroles suivantes :

Messieurs,

Avant d'aborder l'ordre du jour, permettez-moi, au nom de la Chambre Syndicale et du Syndicat Commercial tout entier, de souhaiter une cordiale bienvenue à M. Colin, député, et de lui exprimer tout le plaisir que nous éprouvons à le voir parmi nous.

Ce n'est pas la première fois que M. Colin vient au Syndicat Commercial ; nous l'avons entendu, à diverses reprises, y développer des questions d'intérêt général, et notamment la question des ports francs, l'impôt sur le revenu, les conséquences pour l'Algérie des grèves de Marseille, la loi sur les accidents du travail, etc., etc.

Avec une obligeance infinie, il nous a toujours consacré ses bons offices quand il s'est agi de transmettre l'expression de nos desiderata aux Pouvoirs publics de la métropole. Aujourd'hui, notre représentant a tenu à venir au milieu de nous pour nous exposer la question de l'Ouenza et s'expliquer sur son attitude dans cette affaire qui a passionné toutes les assemblées algériennes.

M. le député Colin a invité M. le sénateur Gérente à venir à cette réunion ; nous-mêmes avons demandé à M. le sénateur de venir donner son opinion sur cette affaire.

Voici d'ailleurs la lettre que je lui ai adressée au nom du Syndicat Commercial :

« Monsieur le Sénateur,

» J'ai l'honneur de vous informer que M. Colin, député, à qui nous avons l'habitude de transmettre ainsi qu'à vous-même et aux autres représentants de l'Algérie au Parlement, les différents vœux émis par le Syndicat Commercial Algérien relatifs aux questions économiques intéressant le commerce et l'industrie et à qui nous avons transmis notamment ceux concernant l'affaire de l'Ouenza, nous a exprimé le désir de nous faire verbalement un exposé de cette affaire.

» Notre Association ne peut être que très satisfaite de la proposition de M. Colin. Nous avons pensé que l'occasion pourrait vous paraître favorable pour venir apporter, vous aussi, votre opinion sur cette question vitale pour les intérêts de la colonie.

» Le Syndicat Commercial Algérien attacherait le plus grand prix à votre présence et vous pouvez être assuré qu'il vous manifesterait sa gratitude par l'accueil le plus sympathique.

» La réunion ordinaire de notre Chambre Syndicale, au cours de laquelle cette question doit être traitée, aura lieu le mardi, 12 courant, à 5 heures du soir, dans la salle des délibérations de la Chambre de Commerce.

» Veuillez agréer, Monsieur le Sénateur l'assurance de ma considération la plus distinguée.

» Signé : TARTING ».

M. le Sénateur Gérente nous a répondu :

« Monsieur le Président,

» Rentrant hier soir d'une tournée dans l'intérieur du département, j'ai trouvé votre lettre du 7 courant. Vous m'y demandez de venir vous exposer mon opinion sur la question de l'Ouenza, au cours de l'une des réunions ordinaires de votre Chambre Syndicale, mardi prochain, 12 décembre à 5 heures du soir, dans la salle des délibérations de la Chambre de Commerce.

» Volontiers, je me rendrai chaque fois qu'il me sera possible aux réunions de votre Chambre Syndicale, quand vous m'y inviterez à venir étudier avec vous telle ou telle question spéciale intéressant votre commerce ou votre industrie ; d'une telle collaboration entre les représentants parlementaires et les membres de nos principales associations industrielles ou agricoles, résulterait une entente, une convergence de nos divers efforts vers un même objectif, qui ne peut qu'être des plus utiles pour la colonie.

» Mais, en même temps que votre invitation, et dans le même courrier, je trouvais une lettre de M. le député Maurice Colin, dont je vous envoie copie ci-jointe, et qui transforme du tout au tout le caractère de la réunion projetée pour le 12 décembre.

» Il en ressort que l'objectif de cette réunion est maintenant électoral, M. Colin me convie à exposer devant votre Chambre Syndicale, pour l'en faire juge, mon appréciation sur sa conduite, à lui député algérien, à lui candidat sénatorial, dans l'affaire de l'Ouenza. Mon appréciation politique sur sa conduite en cette affaire, depuis le début jusqu'à ce jour, est la même que celle de nos diverses assemblées élues de l'Algérie, la même que celle de tous nos collègues de la représentation parlementaire algérienne, la même que celle de notre ancien gouverneur général, M. Jonnart, nos électeurs sénatoriaux en seront juges le 7 janvier prochain ; ils apprécieront souverainement.

» M. le député Maurice Colin prétend reprendre devant votre Chambre Syndicale (ceci ressort des termes mêmes de sa lettre) le débat en question. Or, nos journaux politiques agitent ce débat comme c'est leur droit ; le même débat se poursuit dans les diverses réunions de nos délégués sénatoriaux, comme il convient.

» Mais je ne suppose pas que le Syndicat Commercial, étant donné ses statuts, veuille prendre position, ni se prêter, ni participer, au cours de cette campagne électorale, à une manifestation politique.

» N'est-ce pas aussi, Monsieur le Président, votre sentiment ?

» J'estime donc, pour ma part, qu'après le 7 janvier seulement, cet exposé de l'affaire de l'Ouenza pourrait venir devant l'assemblée de votre Syndicat Commercial, fort utilement et en dehors de toute préoccupation électorale.

» Je me tiendrai après cette date, à votre disposition.

» Veuillez agréer, Monsieur le Président, l'assurance de mes meilleurs sentiments.

» Dr Paul GÉRENTE ».

Voici, d'autre part, la correspondance échangée entre M. Colin et M. Gérente :

Lettre de M. Colin à M. Gérente :

» Alger, le 7 décembre 1911.

» Monsieur,

» Depuis le commencement de la campagne électorale, votre journal a repris, au sujet de l'affaire de l'Ouenza, la campagne qu'il avait déjà poursuivie contre moi lors des élections législatives de 1910.

» Je ne me soucierai en aucune façon de cette campagne menée dans une feuille dont l'autorité est telle que j'ai vraiment le droit de mépriser ses attaques.

» Mais ces attaques, vous les avez reprises pour votre propre compte, en les débitant vous-même dans différentes communes du département.

» Vous me donnez donc le droit de vous convier à venir les les reprendre publiquement devant un auditoire aussi capable que possible de les apprécier, puisqu'il comprendra l'élite des commerçants et des industriels du département : je veux parler de la Chambre Syndicale du Syndicat Commercial d'Alger, qui a bien voulu accepter de nous entendre.

» Vous me trouverez là, prêt à vous répondre, le mardi, 12 décembre, à 5 heures de l'après-midi, puisque c'est le jour et l'heure que le Syndicat Commercial a bien voulu fixer pour cette réunion.

» Recevez mes salutations.

» Maurice COLIN »

Lettre de M. Gérente à M. Colin :

» Alger, le 9 décembre 1911.

» Monsieur,

» Rentrant, hier soir, d'une tournée dans l'intérieur du département, je trouve votre lettre du 7 courant.

» Vous savez les reproches très graves qui vous ont été faits sur toute votre conduite comme député algérien dans l'affaire algérienne de l'Ouenza, depuis le début de cette affaire jusqu'à ce jour même. Ces reproches ont eu des échos assez retentissants, et tous les algériens ont pu connaître par la presse des trois départements l'avis sur ce point du tribunal de Guelma, des Délégations Financières, de tel et tel de nos collègues de la Représentation parlementaire algérienne, et, enfin, de notre ancien gouverneur général, M. Jonnart.

» Ces reproches, je les mets publiquement sous les yeux de nos électeurs, et, dans nos communes, je ne dis rien que ne dise aussi le journal « Les Nouvelles ». C'est mon droit.

» Or, jusqu'à présent, il ne vous a point convenu d'y faire une réponse directe ; toujours vous l'avez esquivée ; le prétexte que vous tirez du « peu d'autorité » des « Nouvelles » est, de votre part, une singulière défaite.

» Aujourd'hui encore, vous tentez une diversion en essayant de porter le débat devant un auditoire spécial, où n'ont pas accès les délégués sénatoriaux.

» C'est devant le grand public, dans la presse, c'est devant les électeurs sénatoriaux, dans leurs réunions, que doit se tenir ce débat : c'est là qu'il vous faut nous présenter votre réponse. C'est là seulement que je vous attends.

» Quant à la convocation que vous avez demandée au Syndicat Commercial, et que son président a accepté de me transmettre, votre lettre même indique votre intention de faire intervenir ainsi cette Compagnie et de lui faire prendre parti dans la campagne électorale actuelle. Ceci est contraire à ses statuts et à la prétention qu'elle a toujours affirmée de se tenir en dehors de toute préoccupation électorale ou politique.

» D'une part, donc, je réponds à M. le Président du Syndicat Commercial que je me tiens tout à sa disposition pour étudier avec sa Chambre Syndicale, la question de l'Ouenza ; mais seulement après le 7 janvier, c'est-à-dire en dehors de toute campagne électorale.

» Et, d'autre part, je vous réitère l'invitation que vous a adressée, à maintes reprises, le journal « Les Nouvelles », de répondre aux reproches graves qui vous sont faits à propos de l'Ouenza, sur toute votre conduite en cette affaire, je le répète, depuis le premier jour jusqu'aujourd'hui.

» Dr Paul GÉRENTE ».

Notre bureau a décidé de renouveler la proposition que nous avions faite à M. le sénateur Gérente, et, à ce sujet, nous lui avons adressé une nouvelle lettre dont voici le texte :

« Monsieur le Sénateur,

» Votre lettre du 9 courant m'est parvenue seulement ce matin au Syndicat Commercial Algérien ; j'avais eu l'occasion déjà, hier au soir, d'en connaître le texte paru sur le journal *Les Nouvelles*. Notre Association, Monsieur le Sénateur, reste et restera toujours en dehors des luttes politiques pour ne songer qu'à l'intérêt général.

» Cet intérêt, dans l'affaire de l'Ouenza, c'est l'accord unanime de toutes les Chambres de Commerce, de tous les Syndicats Commerciaux et de toutes les Assemblées ne s'occupant que des questions économiques ; c'est le bloc de toutes les voix algériennes transmettant aux pouvoirs publics leurs vœux, c'est l'union décisive de toutes les volontés tendues vers le même but, la mise en valeur des gisements pour le grand bien de la Colonie.

» M. le député Colin, ainsi que vous-même et tous les représentants de l'Algérie au Parlement, avez droit à la déférence et à la sympathie de la Chambre Syndicale, nous ne voulons pas y déroger ; c'est pour ces motifs que nous avons décidé d'entendre demain, mardi, 12 courant, M. le député Colin sur cette question de l'Ouenza.

» Je tiens à vous renouveler, Monsieur le Sénateur, le désir que nous aurions de connaître aussi votre opinion sur cette affaire vitale pour les intérêts de la Colonie.

» Veuillez agréer, Monsieur le Sénateur, l'assurance de ma considération la plus distinguée.

» Signé : Tarting. »

M. Gérente est absent d'Alger, en tournée à Boghari. Mme Gérente a téléphoné ce matin au Syndicat Commercial que le nécessaire allait être fait pour le prévenir ; nous regrettons vivement son absence, car la

Chambre Syndicale, j'en suis certain, lui aurait fait l'accueil sympathique qu'elle vient de faire au député d'Alger et que nous devons à tous nos représentants au Parlement.

La réunion de ce soir, Messieurs, a son opportunité. Au Syndicat Commercial, quoi qu'on en dise, nous ne nous occupons que des questions professionnelles et de celles d'intérêt général. Nous sommes des commerçants et des industriels et non pas des politiciens, nous nous abstenons de voter de retentissants ordres du jour, blâmant ou réprouvant les autorités préposées à la direction des affaires publiques, mais ici, dans cette libre association qu'est le Syndicat Commercial, nous tenons cependant à exprimer notre opinion en toute indépendance et en toute franchise et loyauté.

Notre programme, vous tous qui assistez régulièrement à nos séances, vous le connaissez. Il consiste à défendre et à développer dans ce pays les intérêts du commerce et de l'industrie.

Notre politique, c'est la politique économique, c'est-à-dire celles des affaires. Nous ne faillirons pas à notre tâche et rien ne fera dévier notre ligne de conduite. C'est par cette politique que nous inspirerons confiance aux capitaux pour les diriger avec sécurité vers l'extension de l'outillage et l'exploitation des richesses de notre sol.

Les populations algériennes, sans aucune exception, sont avides de travail. A la Chambre Syndicale, nous nous sommes occupés à plusieurs reprises de la question de l'Ouenza, et, à ce sujet, nous avons formulé plusieurs vœux que nous avons adressés aux pouvoirs publics et à nos représentants au Parlement. Rien n'a été fait jusqu'à ce jour et l'affaire est toujours en suspens. Le moment est donc venu de savoir quels sont les motifs de cet arrêt.

Vous avez, Monsieur le député, défendu cette affaire par des moyens dont votre haute situation politique vous permettait de disposer. Il en a été de même pour toutes les autres questions, que nous vous avons soumises.

En terminant, Monsieur le député, je dois vous dire que nous comptons sur votre entier dévouement, comme, du reste, sur celui de tous nos représentants au Parlement auxquels notre plus ferme concours est assuré pour la défense économique de l'Algérie. (Applaudissements).

M. LE PRÉSIDENT . — Je donne la parole à M. Colin.

DISCOURS DE M. COLIN

M. COLIN. — Je ne commencerai pas mon discours sans remercier votre distingué président des paroles si courtoises, si cordiales et si aimables qu'il a bien voulu m'adresser.

M. le Président sait que, depuis longtemps, je considère que le rôle des représentants de l'Algérie au Parlement est avant tout un rôle d'ordre économique.

Si j'ai été critiqué et abandonné par quelques-uns des électeurs que j'avais groupés autour de moi lors des élections législatives de 1902, c'est parce que ceux-là se sont trompés sur mon compte en escomptant que mon attitude serait toujours conforme au mot d'ordre que je recevrais des comités dont ils faisaient partie.

Je leur ai dit, au contraire, que si les comités politiques peuvent avoir leur rôle, surtout avant et pendant les élections, ce rôle ne va pas dans la suite jusqu'à guider exclusivement l'action des députés et leur dicter leur conduite en toute circonstance.

Cette conception n'a pas été du goût de certains comités, peut-être parce qu'ils ne représentaient guère que les appétits de ceux qui les dirigeaient.

Au contraire, lorsqu'il s'agit de groupements comme le vôtre, qui représentent les forces vives de la colonie, c'est toujours avec fruit que vos représentants au Parlement prennent leur attache, et j'ajoute même que si j'ai pu faire un peu de bien au cours de ma carrière parlementaire, c'est à la collaboration de la Société des agriculteurs d'Algérie, de la Chambre de Commerce et du Syndicat Commercial que je le dois.

Ceci dit, je vais aborder le sujet de la conférence de ce soir.

La Campagne contre M. Colin

Vous savez qu'à deux reprises vous m'avez transmis des vœux sur la question de l'Ouenza en me demandant de faire ce qui dépendrait de moi pour hâter la solution de cette affaire.

J'ai donc tenu à vous rendre compte de ce que j'ai fait. Mais il est bien entendu que si je viens ce soir au milieu de vous, ce n'est pas surtout — et je le dis en raison de la lettre de M. Gérente, dont votre président a donné lecture — ce n'est pas du tout pour faire une réunion électorale.

Evidemment, j'aperçois parmi vous un assez grand nombre de délégués sénatoriaux, mais je tiens à affirmer que ce n'est pas comme candidat aux élections sénatoriales que je suis venu. Seulement, étant donné les attaques qu'on a dirigées contre moi, j'ai estimé qu'attaqué comme député, c'était comme député que j'avais le droit et le devoir de répondre.

Vous savez l'odieuse campagne de calomnies que depuis quelque temps on poursuit contre moi. Elle me laisse très froid. J'en ai l'habitude. Je pourrais même dire que je suis mythridatisé contre de pareilles attaques. Voilà déjà la troisième campagne qu'on mène contre moi sur cette question. Les précédentes ne m'ont pas tué et je suis convaincu qu'il en sera de même cette fois-ci.

M. Gérente fait dire que j'ai mis mes intérêts d'avocat au-dessus des intérêts de la colonie, que j'ai trahi l'Algérie et que je l'ai vendue aux allemands. Voilà les accusations qui s'étalent dans les feuilles à la dévotion de notre sénateur, et que, lui-même, ne craint pas de colporter dans tous les centres du département au cours de ses tournées.

Un simple exposé des faits va vous permettre de savoir ce qu'il faut penser de ces attaques que M. Gérente lance, parce qu'il lui est infiniment plus facile de répandre ces calomnies que de rendre compte de son mandat et d'indiquer les services que, comme sénateur, il a rendus à l'Algérie.

Comment M. Colin fut saisi de l'affaire de l'Ouenza

Messieurs, c'est dans le courant de l'année 1904 que j'ai entendu parler, pour la première fois, de cette affaire de l'Ouenza, et voici comment. Un M. Portalis se présenta un jour dans mon cabinet et me dit : « Je suis administrateur délégué d'une Société française dite : Société concessionnaire de l'Ouenza, Société propriétaire, dans le département de Constantine, d'une mine de fer, cuivre et métaux connexes qui lui a été concédée par décret du 20 mai 1901. Or, l'administration algérienne veut nous dépouiller de cette mine, et en donner l'exploitation à un consortium international groupant quelques usines françaises et anglaises à de puissantes Sociétés allemandes, notamment la maison Krupp et la maison Thyssen. »

Je répondis : « Vous me racontez là une fable. L'Algérie n'est pas un pays barbare, ce n'est pas la Turquie ou la Perse, l'Algérie c'est la France. Or, en France, la propriété quelle qu'elle soit, qu'il s'agisse de mines ou de toute autre chose, est assurée et garantie. Jusqu'à nouvel ordre, vous me permettrez de croire que vous exagérez. Dans tous les cas, actuellement, je ne ne puis rien vous dire de définitif. Communiquez-moi un dossier complet de votre affaire. Je l'examinerai en toute conscience. Si vous avez tort, je vous le dirai et vous rendrai votre dossier. Mais si vous avez raison, j'accepte de vous défendre, d'autant mieux que, comme député algérien, je ne saurais admettre que les droits d'un particulier ne soient pas assurés et garantis en Algérie comme en France. »

Vous comprenez, en effet, Messieurs, toute l'importance que la question revêtait à mes yeux. Il faut, en Algérie, inspirer confiance aux capitaux susceptibles d'affluer dans la colonie. Or, que deviendrait cette confiance indispensable si une Société minière pouvait dire : Nous avions, en Algérie, une mine régulièrement concédée, et nous n'avons pas pu l'exploiter parce que l'administration algérienne nous en a dépouillés ?

J'étudiai donc le dossier qui m'avait été remis avec le plus grand soin et avec tout l'intérêt que méritait l'affaire.

Le dossier m'avait été remis en juin. Je consacrai mes vacances à son étude et à la rédaction de la consultation que voici. Je ne puis évidemment songer à vous en donner lecture. Je me borne à vous en faire connaître les conclusions :

I. —A raison de la nature et des conditions particulières des gîtes métallifères de l'Ouenza, il était légalement impossible, après le décret de concession du 20 mai 1901, d'y ouvrir une exploitation de minière de fer.

II. — En admettant qu'après le décret de concession du 20 mai 1901, une exploitation de minière restât possible à l'Ouenza, c'était au concessionnaire que, de préférence, il fallait la confier.

III. — Par application de l'article 70 2° de la loi du 27 juillet 1880, le concessionnaire a, dans tous les cas, le droit d'obtenir la réunion à sa mine de fer des minières qui sont ou seraient exploitables à l'Ouenza.

Cette consultation, résultat d'un travail long et consciencieux, porte la date du 1er octobre 1904.

Avant de la remettre à mes clients, je l'ai communiquée à M. le gouverneur général Jonnart, en appelant sur elle toute son attention. Je ne manquais pas de lui dire que je croyais l'administration algérienne engagée dans une mauvaise voie ; qu'en la suivant, elle risquait bien moins d'assurer l'exploitation des gisements de l'Ouenza que d'entrer dans une ère d'interminables procès.

Quinze jours après, ce document me fut remis par M. Aynard, beau-frère et directeur du cabinet du gouverneur général, sans que cette remise fût accompagnée d'aucune observation.

C'est alors que je l'adressai à mes clients, et, comme conséquence, j'acceptai de plaider le procès que la Société avait engagé devant le tribunal de Guelma.

Voici en quoi consistait ce procès. En usant d'un permis de recherches obtenu du préfet de Constantine, un M. Carbonel, fondateur du consortium international, dont j'ai parlé tout à l'heure, avait creusé des puits, ouvert des galeries dans les gisements faisant l'objet de la concession du 20 mai 1901 et appartenant à la Société représentée par M. Portalis.

Ces travaux étaient de même nature que ceux qui avaient été précédemment faits pour obtenir la concession.

Vous savez en effet que, pour obtenir une concession de mine, il faut faire des travaux de recherches susceptibles de déterminer l'existence, l'importance, l'étendue des gisements. Or, les travaux de M. Carbonel venaient se juxtaposer aux travaux déjà faits. La Société concessionnaire protestait donc. Vous explorez, disait-elle, des gisements qui me sont concédés. C'est interdit par la loi, et c'est porter atteinte à mes droits de propriété.

Le Procès devant le Tribunal de Guelma

Ce procès, je l'ai plaidé devant le tribunal de Guelma. Je dois dire que je l'ai complètement perdu. On parle couramment dans le département de Constantine des louches dessous de ce procès de Guelma. Je ne veux point vous en parler moi-même, car, depuis longtemps, sont expirées les 24 heures que tout condamné a pour maudire ses juges.

D'ailleurs, appel en fut relevé immédiatement. Cet appel n'est point venu devant la Cour d'Alger, à raison de la transaction intervenue entre les deux Sociétés.

Ainsi, avant 1905, voilà les actes que j'avais commis : j'avais donné une consultation et j'avais accepté de plaider, à Guelma, pour la Société Portalis.

J'ajoute, en passant, que cette Société, soi-disant allemande, ne groupe que des capitaux français et hollandais. C'est, au contraire, le consortium international avec lequel l'administration algérienne avait traité qui pouvait être considéré comme une Société allemande. A côté de la Société du Creusot, y figurent, en effet, les maisons Krupp et Thyssen, qui sont les deux plus grosses Sociétés sidérurgiques de l'Allemagne.

Par conséquent, c'est outrageusement méconnaître la vérité que de me dénoncer comme l'avocat d'une Société allemande, alors que c'est, au contraire, contre une Société allemande que j'ai plaidé.

D'ailleurs, Messieurs, j'admets parfaitement que des capitaux étrangers, voire même allemands, viennent se consacrer à l'exploitation de nos richesses minières. Lorsque les capitaux français ne peuvent pas seuls assurer la réussite d'une affaire, les capitaux allemands doivent être les bienvenus s'ils nous permettent de tirer parti des ressources de notre sol qui, sans eux, resteraient inexploitées. Mais, je le répète, dans cette affaire, c'est contre une Société en réalité allemande et non pour elle que j'ai plaidé.

Lors des élections de 1906, et plus tard de 1910, des campagnes acharnées furent menées contre moi, sous l'inspiration du sénateur d'Alger. Vous savez la réponse qu'a cru devoir y faire le collège électoral. En me renvoyant à la Chambre avec une majorité imposante, les électeurs ont fait justice de ces accusations.

Les Travaux Législatifs et Administratifs

Avant que le procès de Guelma ne fût plaidé, l'administration algérienne avait conclu avec le consortium international, rival de la Société concessionnaire, un traité relatif à l'exploitation des minières de l'Ouenza.

L'approbation de ce traité avait fait l'objet d'un projet de loi déposé sur le bureau de la Chambre, le 12 juillet 1905. Ce projet comportait deux objets : 1° l'approbation du traité relatif à l'amodiation des minières ; 2° la déclaration d'utilité publique du chemin de fer destiné au transport des minerais de l'Ouenza à Bône.

Ce projet fut renvoyé à la commission des travaux

publics de la Chambre qui refusa de le rapporter. Le motif essentiel de ce refus était que l'administration algérienne avait saisi la Chambre d'une question qui ne la concernait pas. La Chambre n'avait en effet nullement à approuver le traité relatif à l'amodiation des minières de l'Ouenza. S'il s'agissait d'une amodiation de moins de 18 ans, c'était le gouverneur général qui avait compétence pour statuer sans avoir besoin d'aucune approbation. Si la durée du traité était de plus de 18 ans, l'approbation devait être donnée par un décret en Conseil d'Etat, et non par la Chambre.

Le gouvernement se rendit à ces justes observations et retira son projet.

Voici donc un premier retard qui ne m'est en rien imputable. Je ne faisais pas partie de la commission des travaux publics, et je ne suis pas intervenu auprès d'elle.

La responsabilité de ce premier retard incombe donc entièrement à l'administration algérienne.

Celle-ci se conforma du reste à l'avis de la commission de la Chambre. Elle passa un nouveau traité qui fut soumis à l'examen du Conseil d'Etat et approuvé par un décret du 10 avril 1908.

Seulement, il y a deux observations à faire sur ce décret.

D'une part, avant de statuer, le Conseil d'Etat a exigé que les deux Sociétés rivales se missent d'accord et que les droits de la Société concessionnaire fussent reconnus et respectés.

Est-ce que j'avais besoin d'une justification plus

éclatante pour prouver que les droits que j'avais défendus s'imposaient au respect de tous ?

D'autre part, l'approbation donnée par le Conseil d'Etat n'était que conditionelle. Elle était, en effet, subordonnée à cette condition que, dans un délai de 5 ans, le Parlement déclarât l'utilité publique de la ligne de chemin de fer nécessaire à l'exploitation des gisements.

Quant au motif de la forme conditionnelle donnée à l'approbation, il est, je crois, assez facile à dégager.

Le Conseil d'Etat connaît à merveille notre législation minière. Or, le traité qui lui était soumis constituait une véritable entorse à cette législation.

Lorsque, pour l'exploitation d'un gisement de fer, il y a conflit entre un concessionnaire de mine et le propriétaire de la surface, tous les textes, tout l'esprit de notre législation minière supposent que, pour l'exploitation, c'est le concessionnaire qui doit être préféré au propriétaire de la surface.

Il n'y a pas le moindre doute, et vous me permettrez de faire appel, sur ce point, aux connaissances que je possède de par mes anciennes fonctions de professeur de droit administratif.

Or, le traité pour lequel était demandée l'approbation du Conseil d'Etat, consacrait précisément la solution contraire. C'était non au concessionnaire de la mine, mais au propriétaire superficiaire ou à ses ayants cause qu'il donnait la préférence. En donnant à son approbation une forme conditionnelle, le Conseil d'Etat ne prenait donc pas pour lui, mais laissait au Parlement toute la responsabilité de l'entorse apportée à notre législation minière par le traité qui lui était soumis. Par le jeu de la condition, le Parlement devenait le juge souverain de toute l'affaire.

Après le décret d'approbation du 1o avril 1908, un nouveau projet de loi fut rédigé et déposé sur le bureau de la Chambre, à une date que je ne puis préciser, n'ayant pas le texte sous les yeux, mais qui correspond à la fin de 1908 ou au commencement de 1909.

Ce projet ne visait plus que la déclaration d'utilité publique du chemin de fer reliant l'Ouenza à Bône. Il semblait donc que la Chambre n'avait à statuer que sur ce point, et que c'était une pure formalité, puisque la ligne dont il s'agissait n'exigeait ni subvention, ni garantie d'intérêt.

Mais rappelez-vous que l'approbation donnée par le Conseil d'Etat au traité d'amodiation n'avait été donnée que conditionnellement et qu'ainsi le Parlement était constitué juge du traité d'amodiation.

Le projet fut renvoyé à la commission des travaux publics. Cette fois, la commission fit un rapport favorable qui vint en discussion à la Chambre au début de 1910. Je n'ai pas à vous rappeler l'opposition passionnée que le projet rencontra.

L'attitude des différents Ministères

Je crois très sincèrement que si, à ce moment, le gouvernement avait posé la question de confiance, le vote eût été enlevé. Mais le gouvernement était loin d'en être sûr. Dans tous les cas, la question de confiance ne fut pas posée, et la question fut ajournée.

Et je ne le regrette qu'à moitié, parce que si la question avait été résolue à cette époque, je crains fort qu'elle l'aurait été en partie contre l'Algérie. On aurait certainement exigé qu'une fraction assez importante des minerais extraits de l'Ouenza fût expédiée par Bizerte, car, lors de la discussion, la majorité de la Chambre paraissait persuadée que c'était là une solution réclamée par l'intérêt de la défense nationale.

Depuis cette époque, deux gouvernements se sont succédé : le gouvernement de M. Monis et celui de M. Caillaux. Tous deux se sont montrés nettement hostiles à la reprise de la discussion de l'affaire de l'Ouenza.

Vous ne devez pas vous en étonner pour M. Monis, puisque son ministère ne subsistait que grâce à l'appui du parti socialiste, adversaire acharné du projet de l'Ouenza. D'autre part, M. Charles Dumont, qui était alors ministre des travaux publics, ne cachait pas son hostilité.

Au ministère Monis a succédé celui de M. Caillaux, et le projet de l'Ouenza n'y a rien gagné. En effet, dans le ministère Caillaux, M. Augagneur détient le portefeuille des travaux publics. Or, quelques jours avant d'entrer au ministère, le 15 mai 1911, il publiait, dans la « Revue Financière Universelle », un article où il critiquait vivement les solutions du projet dont la Chambre était saisie.

On peut avoir pour M. Augagneur plus ou moins de sympathie. Mais une chose que tout le monde se plaît à lui reconnaître, c'est la fermeté de ses idées. Or, jamais il n'aurait consenti à donner, comme ministre, son approbation à un projet qu'il venait de combattre comme député.

Ainsi, quand la Chambre a été appelée à discuter par

un gouvernement qui paraissait favorable au projet, elle n'a pas voulu le voter. Depuis, c'est le gouvernement qui ne veut plus lui demander une solution favorable.

Que fallait-il faire ? S'hypnotiser sur un projet voué à un échec certain ou rechercher une nouvelle combinaison.

C'est le second parti qui m'a paru de beaucoup préférable. Et, en effet, s'en tenir au « statu quo », c'était risquer de créer un déplorable malentendu entre l'Algérie et la France.

La Recherche d'une Solution

L'Algérie pouvait croire que la Métropole se désintéressait d'une question capitale pour son développement économique, et c'était là une idée qu'il importait de ne pas laisser s'affermir dans l'esprit de nos colons.

J'avais donc, comme représentant de l'Algérie et avec la conception élevée que je me suis faite de mon mandat, le devoir étroit de rechercher s'il n'y avait pas un moyen, autre que celui dont personne ne voulait, d'assurer l'exploitation des gisements de l'Ouenza.

C'est alors que, profitant des relations que j'avais eues dans le temps avec les administrateurs de la Société concessionnaire de la mine, je leur dis : Est-ce que vous ne pourriez pas préparer un projet d'exploitation des gisements de l'Ouenza, sur lequel on puisse se rabattre dans le cas où la Chambre rejetterait celui dont elle est actuellement saisie ?

Je leur indiquai, en même temps, le système qui

semblait avoir les préférences du Parlement : c'était une exploitation organisée sur la base du partage des bénéfices entre l'exploitant et l'État.

Pouvez-vous, leur disais-je, me mettre debout un projet où la Colonie serait admise au partage des bénéfices de l'exploitation ?

Un mois après, les administrateurs-délégués de la Société concessionnaire me firent parvenir un projet très étudié, organisant le partage des bénéfices, à cette seule condition que le minerai pût être transporté à Bône par la voie la plus courte et la moins coûteuse. Ils demandaient, dans ce but, la substitution du tracé Ouenza-Medjez-Sfa-Bône au tracé Ouenza-Bône par Bou-Hadjar.

Ce projet, je l'ai remis à M. Lutaud, qui venait d'être nommé gouverneur général de l'Algérie, en lui disant : Ne vous inquiétez pas. Si votre projet initial échoue ou si le délai dans lequel doit nécessairement intervenir la déclaration d'utilité publique expire et rend caducs les droits du consortium, voilà une autre proposition qui permettra de reprendre l'affaire sur d'autres bases et de la faire aboutir très vite.

Messieurs, il était dit que je passerais souvent mes vacances à l'étude de questions se rapportant à l'Ouenza.

Les vacances dernières, je les ai, en effet, employées à examiner le nouveau projet et à en déduire les avantages qu'il comporterait pour l'Algérie.

C'est le résultat de mes études — que je n'ai pas faites seul, car il y a des questions qui me sont complètement étrangères et pour lesquelles j'ai dû demander la collaboration d'un homme dont la compétence est indiscutable puisqu'il est ancien inspecteur général des ponts et chaussées — c'est donc le résultat de ces études que je vais vous faire connaître.

Avec le projet dont la Chambre est saisie, l'Algérie touche pendant 25 ans une redevance annuelle de 750.000 francs, soit 18 millions. En outre, elle est dotée d'un chemin de fer sans subvention ni garantie d'intérêt, mais qui ne devient sa propriété que par le rachat ou par l'expiration de la concession.

Ce projet, vous le voyez, entraînait donc des avantages assez considérables pour qu'on ait eu intérêt à le faire aboutir.

Mais que sont ces avantages auprès de ceux que peut avoir le projet nouveau que j'ai fait connaître au Gouverneur général et que la Société concessionnaire serait disposée à accepter ?

Ce projet assure à l'Algérie des bénéfices s'élevant à 100 millions et comporte la construction d'un chemin de fer qui deviendra la propriété de la Colonie sans qu'il lui en coûte un centime.

J'ai fait vérifier et contrôler tous mes calculs, et lorsque j'ai été persuadé de leur exactitude, j'ai estimé que je n'avais pas le droit de ne pas faire connaître un système d'exploitation de l'Ouenza qui assurait des bénéfices aussi considérables à ce pays.

Je le pouvais, d'autant plus que la question d'intérêt général était désormais seule en jeu, la rivalité des deux Sociétés concurrentes n'existant plus après la transaction dont je vous ai parlé tout à l'heure.

Quel est le projet qui présente le plus d'avantage pour la Colonie ? Telle est la seule question à examiner.

Dans ces conditions, pouvais-je garder le silence ?

Je le devais d'autant moins qu'en parlant, je ne risquai nullement de retarder l'adoption du projet actuel, dont il semblait bien que, pas plus que la Chambre, le Gouvernement ne voulait pas.

L'article de la « Revue Politique et Parlementaire »

C'est dans ces conditions que je fis paraître, dans la *Revue Politique et Parlementaire* du mois d'octobre dernier, un article où le nouveau système était exposé.

Voici d'ailleurs la note que j'insérais en tête de cet article :

« C'est au début d'avril dernier que nous avons connu la combinaison exposée dans cet article.

« A ce moment, tant à raison des oppositions passionnées qu'il continuait à rencontrer au Parlement, que par suite des dispositions peu favorables du Gouvernement qui avait succédé au cabinet Briand, nous étions convaincu que, si la Chambre était appelée à discuter le projet dont elle est saisie, ce projet était voué à un échec certain.

« Préoccupé du retentissement douloureux qu'aurait, en Algérie, un semblable vote, nous avions cru devoir rechercher s'il ne serait point possible de trouver un système de mise en valeur des gisements de l'Ouenza, qui, donnant satisfaction aux critiques formulées, pourrait être rapidement substitué au projet rejeté par la Chambre, sans risquer de s'y heurter aux mêmes objections.

« C'est dans ce but que, dès le mois de mars, nous nous étions adressé aux représentants de la Société concessionnaire, en leur signalant les conditions auxquelles devrait répondre le projet que nous leur demandions.

« C'est la combinaison exposée dans cet article qui nous fut alors soumise.

« En présence des admirables perspectives qu'elle ouvre à l'Algérie à un moment où celle-ci a un besoin impérieux de ressources nouvelles, nous n'avons pas cru pouvoir la laisser ignorer.

« Plus nous l'avons étudiée, plus nous nous sommes couvaincu non seulement de ses avantages mais encore de la rapidité avec laquelle elle pouvait être mise sur pied et substituée à celle dont la Chambre était saisie.

« Il n'a fallu rien moins que cette conviction pleine et entière pour nous déterminer à publier cet article, et à y indiquer ce qu'aucun secret professionnel ne nous obligeait à garder pour nous.

« Jusque-là, en effet, nous étions résolu à voter le projet proposé par l'administration algérienne, car, si critiquable qu'il nous semblât, il avait tout au moins le mérite de résoudre la question. Or, tout nous paraissait, et tout, d'ailleurs, nous paraît encore préférable à un ajournement indéfini. »

Voilà, Messieurs, pourquoi j'ai écrit cet article. J'ai pensé que j'avais le devoir de faire connaître publiquement qu'il y avait à côté d'un projet, dont personne ne voulait, une autre solution infiniment plus avantageuse.

Vous comprenez que si je n'avais pas la notion très haute de mon devoir de député, je me serais bien gardé de faire paraître cet article à la veille de l'ouverture de la campagne sénatoriale, alors que je pouvais être candidat et que je savais bien qu'on ne manquerait pas d'exploiter contre moi les idées que je défends avec la plus entière bonne foi.

Mais cette question n'était que secondaire pour moi. Que l'on m'accuse des plus noirs desseins, peu m'importe. J'estime que je n'ai à rendre compte de ma conduite qu'à mes électeurs et à ma conscience.

Je savais bien que je m'exposais à soulever des colères. Comment les bénéficiaires du projet actuel auraient-ils pu ne point me reprocher mon initiative ?

Je savais aussi que je serais en butte à des critiques. C'est ainsi qu'on a contesté certains des chiffres sur lesquels sont basés mes calculs. Je m'en soucie fort peu, car tous mes chiffres ont été minutieusement vérifiés, et j'en suis sûr. C'est ainsi également que je devais m'attendre à des reproches de la part des représentants des populations placées sur le tracé dont je demandais l'abandon.

Vous savez toutes les espérances, toutes les spéculations qu'autorise la construction d'une voie ferrée. Un consortium de déceptions devait nécessairement se former contre moi.

Réponse de M. Colin aux critiques

Mais parmi toutes les critiques auxquelles je pensais m'exposer, il en était deux auxquelles, je l'avoue, j'étais loin de m'attendre.

On me reproche de retarder la solution de l'affaire !

Mais c'est volontairement oublier que la question était à peu près enterrée et que mes efforts tendent précisément à la faire reprendre.

En voulez-vous une preuve ?

Quelques journaux ont analysé mon article. Savez-vous comment l'un d'entre eux intitule son compte-rendu ?

« La reprise de l'affaire de l'Ouenza », et voici comment il s'exprime :

« Les représentants de l'Algérie protestent, naturellement, contre cet ajournement d'une question vitale pour la Colonie, et l'un deux, M. Colin, le distingué député d'Alger, vient de faire paraître, dans la *Revue Politique et Parlementaire* du 1o octobre dernier, un article du plus haut intérêt où il appelle une prompte solution de l'affaire ».

Il y a un autre reproche. Celui-là a été découvert par M. Gérente. J'avoue que je n'y aurais jamais songé ! J'ai vendu l'Algérie aux Allemands !

Or, dans le nouveau projet que j'ai étudié, la Société chargée de l'exploitation de la minière de l'Ouenza ne groupe que des capitaux français et hollandais. Au contraire, dans le consortium international, bénéficiaire du premier projet, figurent les deux plus grosses usines sidérurgiques allemandes ! Et alors, je ne comprends plus.

Vous connaissez, Messieurs, tout ce que j'ai fait dans cette affaire de l'Ouenza, toute l'étendue des crimes et de la trahison que M. Gérente m'impute.

Si j'avais été un député fainéant, comme M. Gérente est un sénateur fainéant, si j'avais compris mon mandat comme lui, c'est-à-dire si, me désintéressant des questions d'intérêt général, je m'étais limité aux basses besognes électorales, auxquelles se complait M. Gérente, évidemment je ne me serais pas exposé aux reproches qu'il m'adresse.

Mais j'ai mis, au contraire, un point d'honneur a agir comme je l'ai fait. Je ne m'excuse pas, je revendique hautement la responsabilité de l'article qu'il incrimine. Si je l'ai écrit, c'est parce que j'ai estimé que, comme représentant de l'Algérie, j'avais le devoir de l'écrire.

Messieurs, vous connaissez le vieux mot de Basile : « Calomniez, calomniez, il en restera toujours quelque chose ». C'est ce mot tristement célèbre qui inspire toute la politique de M. Gérente. Il n'a jamais lutté contre un adversaire sans essayer de le déshonorer.

En ce qui me concerne, il fait appel au témoignage de M. Jonnart, notre ancien gouverneur général.

Certes, je trouve singulier qu'il fasse appel à la parole d'un gouverneur qu'il a essayé de salir par les plus basses calomnies. Je suis de ceux qui ont pour M. Jonnart une très haute estime. Je suis de ceux qui pensent que notre ancien gouverneur a rendu des services éminents à ce pays, et que son nom restera inscrit en bonne place au Livre d'Or de l'Algérie.

Mais, Messieurs, quand j'ai étudié une question importante comme l'affaire de l'Ouenza et que je suis arrivé à une conviction mûrie et raisonnée, j'estime que j'ai le droit d'avoir une opinion et de la défendre, même si elle est contraire à celle d'une haute personnalité comme celle de l'ancien gouverneur de l'Algérie.

A la Chambre, chaque fois qu'il y a eu dans la politique ou dans les actes d'un ministre quelque chose qu'il m'était impossible d'admettre, je n'ai jamais hésité à le dire. Pourquoi n'aurais-je pas, vis-à-vis de l'administration algérienne, dont j'ai mission de contrôler les actes, la même indépendance que vis-à-vis du gouvernement lui-même ?

D'ailleurs, M. Gérente est-il sûr que M. Jonnart, qui n'espérait plus l'adoption de son projet primitif, n'en préparait pas un autre au moment où il a quitté ses fonctions de gouverneur général ?

M. Gérente parle aussi de l'opinion des autres parlementaires algériens. Je n'ai vu qu'un seul article de mes collègues sur cette affaire. Il est signé de M. Cuttoli. M. Cuttoli, en termes aimables et courtois, y expose pourquoi il n'est pas de mon avis. Mais rien, dans son article, n'autorise les accusations que M. Gérente ne craint pas de porter contre moi.

M. Gérente profite de ce que l'affaire de l'Ouenza est peu connue dans le département d'Alger pour mener contre moi la campagne qu'il poursuit. Comment d'ailleurs y serait-elle connue puisqu'elle n'intéresse pas directement le département ?

Au contraire, dans le département voisin et surtout dans la région bônoise, on connaît très bien la question, puisque, pour cette région, elle présente un intérêt direct et immédiat.

M. Gérente ne l'ignore pas. Il le sait si bien qu'il a cherché à obtenir des Bônois la condamnation de ma conduite, non pas actuellement, sans doute, mais en 1910, lors des élections législatives.

Documents suggestifs

Vous vous rappelez ce que M. Gérente a écrit à votre président. Le Syndicat Commercial ne peut pas s'occuper de la question de l'Ouenza à l'heure actuelle, car ce serait, de sa part, une immixtion dans la politique, ce que ses statuts lui interdisent.

Eh bien, vous allez voir ce qu'a fait M. Gérente en 1910, en pleine période électorale, alors qu'il s'agissait de me combattre.

Il a essayé d'obtenir des corps constitués, et notamment des Syndicats de Bône, précisément la manifestation qu'il vous déclare interdite aujourd'hui.

Voici, en effet, la lettre que, le 16 avril 1910, c'est-à-dire en pleine période électorale, il faisait écrire par un de ses lieutenants à un membre de la Municipalité de Bône.

Vous me permettrez de taire le nom et de l'auteur et du destinataire de cette lettre.

Fédération départementale d'action républicaine et sociale

Siège social : 11, rue Maréchal-Soult.

« Alger, le 16 avril 1910.

« Mon cher ami,

» Tu sais quel a été le rôle du député Colin dans l'affaire de l'Ouenza : il a mis son habileté de procédurier au service de ceux qui avaient intérêt à retarder la solution de l'affaire.

» Ici, notre campagne est menée ardemment contre Colin sur le terrain de l'Ouenza.

» Mes amis ont pensé que les Bônois, principaux intéressés, pourraient nous aider en nous envoyant une affiche dont je t'adresse le texte.

» Il faudrait recueillir les signatures des conseillers généraux, municipaux, syndicats ouvriers, etc., etc.

» Veux-tu te charger de le faire et me renvoyer affiche et signatures par retour du courrier ?

» Merci. Télégraphie-moi dès réception de cette lettre.

» Nous comptons absolument sur toi ; fais le nécessaire de *toute urgence*.

» Bien à toi.

» Signé : X... »

Voici maintenant le texte de l'affiche proposée :

Appel des Bônois à leurs frères d'Alger

Au nom de la solidarité, au nom de la fraternité algérienne :
Nous supplions nos frères d'Alger de ne pas envoyer à la Chambre l'avocat-député Colin, qui a trahi les intérêts généraux de l'Algérie et contribué à la ruine de toute notre région.

Bône, le...

A cette lettre, aucune réponse n'est faite. Le lieutenant de Gérente estime alors que, verbalement, il aura
plus de succès.

Voici la dépêche qu'il lance le 18 avril :

« Docteur X..., Bône.

» Alger-7491-14-18-5 h.

» Arriverai demain trois heures. Pourrai-je te voir aussitôt.
Amitiés.

» Signé : X... »

Il arrive à Bône. Il est reçu par son ami, qui répond
à ses instances en lui disant : « Tu n'as aucune chance
de recueillir ici des signatures pour ton projet d'affiche contre Colin. Nous sommes d'accord avec lui. Si
on l'aurait écouté, nous aurions déjà les minerais de
l'Ouenza à Bône ».

Messieurs, voilà la machination à laquelle, en 1910,
lors des élections législatives, M. Gérente a vainement
tenté d'associer les Syndicats bônois en même temps
que la Municipalité de Bône.

Son insuccès, en 1910, ne l'a pas engagé à recom-
mencer en 1911 une tentative du même genre (1). Eh

(1) S'il faut en croire les journaux de Bône, M. Gérente aurait
renouvelé, à l'occasion de la campagne sénatoriale, la tentative vainement essayée lors des élections législatives de 1910. Mais ce
n'est plus au même ambassadeur que la mission aurait été con-
fiée.

Voici notamment ce que nous lisons dans le *Réveil Bônois* du
19 décembre 1911 :

« *Nous ne nous étions pas trompé en disant que le docte M⁰ Mal-*

bien, les Bônois, qui ont gardé le silence en 1910, lorsqu'on leur demandait de me condamner, n'ont pas
craint, en 1911, de prendre l'initiative de m'approuver
hautement.

Je ne leur ai rien demandé. Je n'ai rien fait pour
solliciter leur appui. Mais ils ont connu l'odieuse campagne que M. Gérente fait mener et mène contre moi,
et ils ont pensé qu'ils avaient le devoir de protester.

La Réponse de la région Bônoise

Voici, Messieurs, la lettre que m'a adressée M. le
Président du Syndicat Commercial de Bône, en exécu-
tion d'une délibération prise à l'unanimité par la Chambre syndicale de ce groupement.

larmé, arbitre des Elégances de la Faculté de Droit, n'était pas
tombé, tel un aérolithe, dans nos murs, la semaine dernière, pour
plaider par surprise le vieux procès de son client Carbonel contre
le Réveil Bônois.

« Me Mallarmé avait été chargé d'une autre mission par un
client, plus sérieux peut-être, puisqu'il s'appelle M. Gérente et
qu'il est sénateur in extrémis.

« Nous pouvons affirmer qu'au mépris des convenances les plus
élémentaires, cet avocat-voyageur est venu tenter, au domicile de
certains membres de la municipalité de Bône, une démarche déses-
pérée pour repêcher le caïman à moitié englouti dans la mare de
l'Ouenza.

« Comme un simple Paul Montès, le cher Maître Mallarmé a
voulu jouer au terre-neuve ; mais le malheureux a fait chou blanc.

« Voilà tout le secret de la balade à Bône de cet astucieux debater.
qui en est reparti Gros Jean comme devant, c'est-à-dire mal...
armé.

« POPULUS. »

SYNDICAT COMMERCIAL BONOIS

pour la défense et le développement du commerce et de l'industrie

Siège social : 4, rue des Volontaires, 4

« Bône, le 5 décembre 1911.

« A Monsieur Colin, député d'Alger.

» Monsieur le Député,

» La position que vous venez de prendre dans la question de l'Ouenza nous a profondément réjouis. Elle nous fait le devoir de vous en exprimer notre satisfaction ; elle nous engage en outre à vous exposer comment nous envisageons ce problème au point de vue des intérêts de Bône et de l'intérêt général de notre Colonie, les deux étant étroitement liés.

» Parmi les représentants algériens, vous êtes le premier et le seul à vous dégager de la fâcheuse direction officielle d'autrefois. Selon nous, vous avez de cette affaire une conception juste, vraie. Nous sommes donc (d'autant plus) satisfaits, d'avoir au moins au Parlement un défenseur algérien de notre thèse bônoise.

» Vous trouverez, par conséquent, notre démarche toute naturelle ; ne nous est-elle pas imposée logiquement par nos luttes passées ?

» Nous avons donc l'honneur de vous adresser, sous pli spécial recommandé :

» 1º Un exemplaire de notre mémoire, pétition de 1907 ;

» 2º Un exemplaire d'une brochure (*L'Ouenza*), de 1909 ;

» 3º Un mémoire annexe, complément nécessaire des deux précédents.

» Si, malgré vos très nombreuses occupations, il vous est possible d'en prendre connaissance, ces documents vous montreront à quel point de vue nous nous sommes placés, quel est le but poursuivi par notre Syndicat, dès l'origine de l'affaire.

» Nous vous prions de vouloir bien excuser la liberté que nous prenons d'abuser peut-être de vos précieux instants ; c'est que nous

vous considérons un peu comme député de Bône, vous Représentant
de l'Algérie.

» Nous vous prions d'agréer, Monsieur le Député, l'assurance
de nos sentiments distingués et empressés.

Le Président,

» Signé : RAISON. »

« P.-S. — Les documents annoncés suivront sous pli recommandé. »

M. Gérente voulait une manifestation des Bônois.
Il l'a aujourd'hui, et il ne peut lui dénier, en 1911,
l'importance et l'autorité qu'il lui aurait certainement
reconnues en 1910.

En même temps que la lettre ci-dessus, j'ai reçu les
documents qu'elle m'annonçait.

Je les ai lus. Tous me donnent raison. Tous confir-
ment et approuvent les idées que j'ai défendues sur
cette question de l'Ouenza..

Et ces documents n'émanent pas de politiciens se
livrant à un « bluff » électoral. Ils émanent d'hommes
qui représentent l'agriculture, le commerce et l'industrie de la région bônoise ; d'hommes qui ont, au développement et à la prospérité du port de Bône et de la
région bônoise, les mêmes intérêts que vous avez vous-
mêmes, Messieurs, à la prospérité et aux progrès du
port et de la ville d'Alger.

Les signataires de ces documents, c'est le Comice
agricole de Bône et de la région ; c'est le Syndicat des
Propriétaires de Bône et de la banlieue ; c'est le Syndicat Commercial de Bône, c'est-à-dire des groupements qui réunissent les hommes qui vivent dans la

région de Bône et qui sont le plus directement intéressés à sa prospérité et à son développement.

Tous sont d'accord, et si la Chambre de Commerce de Bône ne figure pas dans l'énumération ci-dessus, c'est parce qu'elle est un groupement officiel. Mais il résulte de notes insérées dans ces documents qu'elle partage absolument la même opinion que les autres groupements économiques de la région. Voulez-vous un aperçu des documents dont je vous parle ?

Voici comment débute le plus récent des trois :

SYNDICAT COMMERCIAL BONOIS

« Bône, le 6 décembre 1911.

Question de l'Ouenza

Mémoire annexe adressé à Monsieur Colin, député, par le Syndicat Commercial bônois, le 30 novembre 1911.

Dans toute affaire, les à-côtés exercent bien souvent une influence décisive. Celle de l'Ouenza est toute particulièrement remarquable à cet égard.

Les manœuvres du Consortium et de l'Administration, coalisés contre l'occupant, la Société concessionnaire de la mine, causes de tous les retards subis depuis lors par cette malheureuse affaire !

Les louches dessous du procès de Guelma !

Les machiavéliques intrigues de Bizerte !

Voilà (parmi tant d'autres) quelques-uns de ceux que nous devions particulièrement signaler dans nos brochures.

Mais, pour ne pas trop encombrer le sujet, nous nous sommes abstenus de parler de quelques autres, qu'il importe cependant de mentionner, pour lui donner sa véritable, sa complète physionomie..

Messieurs, il faut avouer que ces documents sont pour moi un précieux réconfort au milieu des dénigrements dont je suis l'objet de la part du politicien fourbe et haineux qu'est M. Gérente.

Et d'ailleurs, j'ai bien le droit de m'indigner qu'un homme public puisse lancer contre un autre homme public les accusations que M. Gérente ne craint pas de répandre gratuitement sur mon compte.

Certes, je comprends toutes les luttes de la politique, mais avec le respect de ses adversaires. J'estime qu'il est possible de ne pas partager les idées d'un concurrent politique sans se croire obligé de dire de lui qu'il est un malhonnête homme.

Et c'est d'autant plus indigne que M. Gérente, depuis 18 ans qu'il est dans la politique, ne peut pas ignorer qu'il n'est pas un acte d'un homme public, qui ne puisse être dénaturé par ses adversaires et servir de base aux plus viles calomnies.

L'attitude de M. Gérente

Je ne connais pas beaucoup d'actes faits par M. Gérente, comme sénateur. Peut-être n'a-t-il rien fait par crainte des accusations que ses actes auraient autorisées. Cependant, après bien des recherches, je suis parvenu à trouver une intervention de notre sénateur. Lors de la discussion du tarif des douanes, il déposa un amendement tendant à l'augmentation des droits proposés par la Commission sur les cuirs vernis. En 18 ans, c'est la seule intervention que j'aie pu noter. Elle avait pour conséquence d'accroître d'une façon considérable les bénéfices d'une maison parisienne qui a, à peu près, le monopole de la fabrication des cuirs vernis en France.

Si M. Gérente était ici, je serais en droit de me tourner vers lui et de lui demander : « Combien avez-vous touché pour présenter votre amendement ? »

Il s'indignerait sans doute, et ne manquerait pas de me traiter d'odieux diffamateur. C'est exactement la réponse que je suis autorisé à lui faire quand, gratuitement, il n'hésite pas à m'accuser.

Messieurs, je vous ai ainsi fait connaître tout ce que j'ai fait et quel avait été mon rôle dans cette affaire de l'Ouenza.

Je vous ai dit, en débutant, qu'ici il ne pouvait pas s'agir pour moi de faire une réunion électorale et de parler autrement que comme député. Il n'en est pas moins vrai que je suis actuellement candidat sénateur et que je serai sénateur d'Alger, le 7 janvier prochain. C'est cette considération qui m'appelle à vous dire ce que je ferai au Luxembourg dans cette affaire de l'Ouenza.

Oh ! alors, mon rôle sera extrêmement modeste. Quel que soit le système qui sera adopté par la Chambre pour l'exploitation des gisements de l'Ouenza, je le voterai. Là, comme ailleurs, j'estime que le mieux serait l'ennemi du bien. Là, comme ailleurs, j'estime que le plus difficile est d'aboutir, et toute solution me paraît préférable à un ajournement qui dure depuis trop longtemps déjà.

Voilà la seule déclaration que je vous fais en qualité de candidat et le seul moment où cette séance peut être considérée comme une réunion électorale.

Je n'insiste pas. Je vous ai exposé les faits. Vous pouvez juger ma conduite, vous pouvez apprécier ce que valent les odieuses accusations de M. Gérente.

J'ajoute d'ailleurs que, si vous m'accordez votre approbation, je me soucierai fort peu de ces infâmes calomnies. L'approbation d'hommes comme vous, qui, par votre travail, par votre initiative, par votre énergie, contribuez dans une si large mesure à l'essor économique de ce pays, cette approbation, dis-je, me touche infiniment plus que ne peuvent m'émouvoir les insinuations perfides d'un politicien à l'esprit aussi haineux, aussi étroit et aussi sectaire que celui du sénateur sortant et bientôt sorti. (*Vifs applaudissements.*)

L'ORDRE DU JOUR

M. LE PRÉSIDENT. — Un membre de l'assemblée a-t-il des observations ou un ordre du jour à présenter ?

Personne ne demandant la parole, au nom du bureau du Syndicat Commercial, M. le Président propose à l'Assemblée l'ordre du jour suivant :

La Chambre Syndicale,

Considérant que la Chambre des Députés a été saisie depuis plusieurs années d'un projet de loi concernant la question du chemin de fer de Bône à l'Ouenza, avec embranchement éventuel à Bou-Kadra ;

Considérant que, malgré les démarches faites par notre ancien Gouverneur général et nos représentants au Parlement, la question reste toujours en suspens ;

Considérant que des différences de vues paraissent s'être produites sur le tracé proposé par l'Administration algérienne ;

Considérant que le Syndicat Commercial bônois et les autres Assemblées de Bône, intéressées à la question, ont exposé leurs desiderata pour la réussite de l'affaire ;

Considérant que l'Algérie supporte seule les conséquences de tous les retards et perd, de ce fait, des sommes énormes qui amélioreraient son budget spécial ;

Emet le vœu :

Que le Gouvernement procède d'urgence à l'examen de l'affaire de l'Ouenza et propose au Parlement une solution sans se préoccuper d'autre chose que des intérêts seuls de la Colonie,

Décide,

De remercier M. le député Colin de ses explications et prenant acte de l'adhésion déjà manifestée par le Syndicat Commercial bônois, le plus directement intéressé dans la question, s'associe au vœu émis par cette association et félicite M. le député Colin des efforts qu'il a faits pour faire aboutir cette affaire intéressant à un si haut degré l'avenir de l'Algérie.

Adopté à l'unanimité et aux applaudissements de l'Assemblée.

M. LE PRÉSIDENT tient à remercier en son nom personnel, comme au nom du Syndicat Commercial algérien, M. Colin de ses intéressantes explications.

M. COLIN répond qu'il a été trop heureux de pouvoir venir les donner au sein de cette Assemblée et qu'il est particulièrement ému des marques de sympathie qu'on lui a témoignées. (*Applaudissements répétés.*)

Vu l'heure avancée, la suite de l'ordre du jour est renvoyée au mardi, 19 décembre 1911, à 5 heures précises du soir.

Le Président,
J. TARTING.

Le Secrétaire général,
POULALION.

M. le Président du Syndicat Commercial algérien a reçu hier, à 1o h. 3o du matin, la dépêche suivante :

« Tarting, président Syndicat Commercial, Alger.

» Boghari, 381-210-13-8-8 h. 3o.

» Ai reçu hier soir communication téléphonique de votre lettre, je m'empresse de vous répondre que mon opinion sur affaire Ouenza est précisément, comme vous le dites, celle de l'unanimité algérienne manifestée, en effet, par tous les organes autorisés de l'opinion publique dans la Colonie ; ce fut toujours notre opinion aussi au Parlement avec Aubry, Saint-Germain, Thomson, Cuttoli, Etienne, Trouin, Broussais et moi ; nous réclamons depuis des années le vote rapide par le Parlement du projet actuel étudié et appuyé par nos Gouverneurs généraux, par tous nos corps élus, par toutes nos associations économiques d'Algérie, nous nous voyons malheureusement entravés par les lenteurs voulues d'une procédure trop habile et trop intéressée dont le but évident est l'échec du susdit projet, aujourd'hui encore nous devons protester contre l'embûche qui, sous forme d'un essai de propositions nouvelles et tardives, tend en réalité tout simplement à de nouveaux ajournements dans le même but intéressé. Je vous confirme du reste que suis toujours prêt à développer cette opinion devant le Syndicat Commercial, en dehors de toute préoccupation électorale, c'est-à-dire après le 7 janvier, cette opinion étant d'ailleurs l'opinion invariable de l'unanimité algérienne depuis de nombreuses années déjà.

» GÉRENTE. »

Après le magistral exposé qui précède, après la publication des documents qui font éclater la perfidie des détracteurs de M. Colin, la loyauté, la correction et la vigilance du député d'Alger, il est superflu d'épiloguer longuement.

Le débat n'a pas été contradictoire, par la faute de M. Gérente, qui n'a pas osé l'affronter. Mais il le sera lors de la réunion des Délégués sénatoriaux, car il faudra bien, ce jour-là, malgré sa répugnance pour les controverses publiques, que le sénateur sortant rende compte de son mandat et essaie de justifier ses allégations.

Mais, d'ores et déjà, grâce à la diffusion des journaux qui publient le compte-rendu de la réunion de mardi, tous les citoyens appelés à voter le 7 janvier et que M. Gérente comptait tenir dans l'incertitude en faisant durer l'équivoque jusqu'à la veille du scrutin, sont complètement édifiés.

Il faudrait douter de leur raison et de leur honnêteté pour supposer qu'ils puissent, après une démonstration aussi lumineusement convaincante, ajouter foi plus longtemps aux infamies colportées par le sénateur sortant.

Justice entière est faite de ces infamies par l'accueil que firent à un lieutenant de M. Gérente les groupements bônois, sollicités avec une incroyable insistance.

Justice est faite de la mauvaise foi de M. Gérente par le refus de s'expliquer qu'il a opposé à la Chambre Syndicale du Syndicat Commercial, qui est l'émanation d'une Assemblée comptant dans son sein l'élite du commerce et de l'industrie du département d'Alger.

Justice est faite, enfin, des sentiments et des mobiles prêtés à M. Colin, par l'attestation éloquente délivrée à notre ami, d'une part, par le Syndicat Commercial de Bône, d'autre part, par le Syndicat Commercial d'Alger.

Ces attestations précieuses nous permettent de proclamer que la confusion du sénateur est complète. Elles nous autorisent à dédaigner désormais ses critiques concernant l'Ouenza, et à reprendre l'examen de l'œuvre mauvaise que les délégués sénatoriaux condamneront le 7 janvier en condamnant l'homme incapable et nuisible qui l'accomplit.

La Dépêche.

***

Rendant compte de la réunion ci-dessus, le journal du sénateur n'a pas craint de dénaturer les paroles de M. Colin, de tronquer les documents produits, et notamment de supprimer, dans l'ordre du jour voté, l'approbation hautement donnée au député d'Alger. Il a cru, en outre, pouvoir se permettre de traiter de *certificat de complaisance*, obtenu au prix d'instances multipliées, la lettre adressée à M. Colin par le Syndicat Commercial de Bône.

Voici la lettre qu'il s'est attirée de la part du Secrétaire général de ce groupement, lettre qu'il s'est bien gardé d'insérer :

« 17 décembre 1911.

« Monsieur le Directeur des *Nouvelles*,
41, rue Mogador, Alger.

On me communique aujourd'hui un exemplaire de votre numéro 4200 du 15 courant, dans lequel vous mettez en cause le Syndicat commercial bônois, à propos de la lettre, sur l'Ouenza, qu'il vient d'adresser à M. Colin, député d'Alger.

« Les termes « lettre de complaisance » que vous lui appliquez me font un devoir, à moi, qui ait provoqué l'envoi de la dite lettre, de mettre « de suite » toutes choses au point, afin de ne pas laisser l'erreur poursuivre son œuvre injuste, et cela en attendant que notre Chambre Syndicale puisse se réunir et intervenir à son tour, si elle le jugeait utile.

« Mais, n'attribuez pas à ma démarche un caractère tragique, car, chacun sait ça, en période électorale, les mots n'ont plus qu'une valeur relative ; en tout cas, soyez-en bien persuadé, loin de nous est l'intention de nous mêler à vos querelles électorales.

« Ceci posé, voici comment les choses se sont passées :

« Pour vous mettre à même de juger combien nous avons agi logiquement et de notre propre initiative, je vous prie de remarquer que, dès l'origine de l'affaire de l'Ouenza, vers 1901, nous avons soutenu, à Bône, la thèse de la ligne droite, la plus directe, Ouenza-Sédrata-Medjez-Sfa-Bône, contre les prétentions byzertines qui s'accusaient déjà.

« Plus tard, M. Chandel, ingénieur des Ponts et Chaussées, avec une compétence indiscutable et une complète connaissance des lieux, ayant démontré à nos groupements bônois les mérites de cette ligne centrale, nous nous en fîmes les défenseurs actifs et convaincus.

« Depuis lors, à chaque occasion propice, nous avons considéré comme un impérieux devoir de la revendiquer, parce qu'elle est, à nos yeux, la plus favorable à Bône et à l'intérêt général de la Colonie.

« Les assemblées algériennes, sous l'impulsion officielle, ont pu donner, de confiance, leur approbation au projet frontière, mais nous sommes bien placés pour savoir que, d'autre part, les services administratifs compétents sont nettement partisans de la ligne centrale par Medjez-Sfa.

« Le Syndicat Commercial et les trois autres groupements, cosignataires du mémoire de 1907, sont donc en bonne et plus compétente compagnie.

« Donc, dès que M. Colin eut publié son remarquable article, pouvions-nous rester indifférents ? N'était-il pas, au contraire, logiquement de notre devoir de lui faire connaître notre communauté de vues et de le prier de prendre la défense des intérêts bônois, tels que nous les concevons ?

« Passons maintenant au fait même de la lettre.

« Dans notre réunion mensuelle du 10 novembre dernier, et, alors qu'à Alger vous n'aviez pas encore lancé ce lapin électoral de l'Ouenza, dont, en tout cas, nous n'avions pas encore entendu parler à Bône, j'en proposai l'envoi à notre Chambre Syndicale, qui en adopta le principe et m'invita à lui en soumettre le texte à la réunion suivante. (Voir le compte-rendu du procès-verbal de la séance dans la *Dépêche de Constantine* du 13 novembre 1911).

« Entre temps, le mouvement en faveur de l'autonomie des chemins de fer s'accusa et m'amena, dans notre réunion du 4 décembre courant, à prier la Chambre Syndicale d'examiner si cet événement ne modifiait pas la situation au point de faire perdre à notre lettre une partie de son intérêt.

« Après discussion, à laquelle, je vous prie de le croire, votre campagne électorale resta complètement étrangère, l'envoi fut décidé. (Voir *Dépêche* du 9 décembre 1911).

« Vous voyez donc :

« 1° Que c'est sur mon initiative que la lettre en cause fut logiquement adressée à M. Colin, et ce, tout à fait à son insu.

« 2° Qu'en accomplissant cet acte, nous n'avons eu qu'une préoccupation, faire savoir au député d'Alger que nous comptions sur lui pour défendre le projet que nous soutenons depuis la fondation de notre Syndicat, en 1904.

« Conséquemment, que nous n'avons pas été sollicité par M. Colin, et, qu'en lui écrivant, nous n'entendions pas accomplir un acte de complaisance électorale .

« Maintenant, laissez-moi vous dire, par avance, que je crois être l'interprète des sentiments des membres de notre Chambre Syndicale en vous assurant qu'aucun d'eux, pas plus que moi d'ailleurs, ne vous en voudra de la façon peu aimable et peu juste dont vous avez interprété notre attitude en la circonstance, car, çà, il faut l'attribuer à l'emballement de la lutte électorale et n'a donc point d'autre importance.

« Je vous prie, Monsieur, dans un intérêt de justice et de vérité, de bien vouloir insérer ma lettre dans votre plus prochain numéro et à la même place que l'article nous concernant, et vous présente mes bien sincères salutations.

« A. HONORAT,

« auteur de la proposition, et Secrétaire général du Syndicat.